BEI GRIN MACHT SICH IHR WISSEN BEZAHLT

- Wir veröffentlichen Ihre Hausarbeit, Bachelor- und Masterarbeit
- Ihr eigenes eBook und Buch - weltweit in allen wichtigen Shops
- Verdienen Sie an jedem Verkauf

Jetzt bei www.GRIN.com hochladen und kostenlos publizieren

Bibliografische Information der Deutschen Nationalbibliothek:

Die Deutsche Bibliothek verzeichnet diese Publikation in der Deutschen Nationalbibliografie; detaillierte bibliografische Daten sind im Internet über http://dnb.d-nb.de/ abrufbar.

Dieses Werk sowie alle darin enthaltenen einzelnen Beiträge und Abbildungen sind urheberrechtlich geschützt. Jede Verwertung, die nicht ausdrücklich vom Urheberrechtsschutz zugelassen ist, bedarf der vorherigen Zustimmung des Verlages. Das gilt insbesondere für Vervielfältigungen, Bearbeitungen, Übersetzungen, Mikroverfilmungen, Auswertungen durch Datenbanken und für die Einspeicherung und Verarbeitung in elektronische Systeme. Alle Rechte, auch die des auszugsweisen Nachdrucks, der fotomechanischen Wiedergabe (einschließlich Mikrokopie) sowie der Auswertung durch Datenbanken oder ähnliche Einrichtungen, vorbehalten.

Impressum:

Copyright © 2015 GRIN Verlag, Open Publishing GmbH
Druck und Bindung: Books on Demand GmbH, Norderstedt Germany
ISBN: 9783668291492

Dieses Buch bei GRIN:

http://www.grin.com/de/e-book/339185/mediation-und-raubkunst-der-fall-bacchanale

Tobias Steinmann

Mediation und Raubkunst. Der Fall Bacchanale

GRIN Verlag

GRIN - Your knowledge has value

Der GRIN Verlag publiziert seit 1998 wissenschaftliche Arbeiten von Studenten, Hochschullehrern und anderen Akademikern als eBook und gedrucktes Buch. Die Verlagswebsite www.grin.com ist die ideale Plattform zur Veröffentlichung von Hausarbeiten, Abschlussarbeiten, wissenschaftlichen Aufsätzen, Dissertationen und Fachbüchern.

Besuchen Sie uns im Internet:

http://www.grin.com/

http://www.facebook.com/grincom

http://www.twitter.com/grin_com

Gliederung

1. Definitionen der Begriffe „Position" und „Interesse" 2
2. Positionen und Interesse der Kulturverantwortlichen der Stadt Gelsenkirchen und der Erben 2
3. Ablauf eines Mediationsverfahrens 3
4. Unterschiede zwischen einem Mediationsverfahren und einem Verfahren vor der Limbach-Kommission im Hinblick auf die Phasen der Mediation 5
5. Qualitäten und Kompetenzen eines Mediators 7
6. Gewahrte und nicht gewahrte Prinzipien der Mediation vor der Limbach-Kommission 9
7. Vorteile für die Erben bei der Durchführung eines Verfahren vor der Limbach-Kommission in Abgrenzung zu einem alternativen Gerichtsverfahren 11

Literaturverzeichnis 13

1. Definitionen der Begriffe „Position" und „Interesse"

Um eine Win-Win-Lösung herbeiführen zu können ist es von Nöten, im Rahmen einer Mediation durch die Beteiligten Parteien mit Unterstützung des Mediators die Positionen zu diskutieren und die dahinter stehenden Interessen zu ermitteln.

Was sind nun aber die signifikanten Unterschiede von „Position" und „Interesse"? Das folgende Beispiel soll helfen den Unterschied zu verdeutlichen: Ein Ehepaar streitet sich an einem Sonntag um den letzten 20-Euro-Schein. Der Monat war lang und das Geld ist knapp geworden. Beide sind eher klassisch eingestellt und verfügen über keine EC-Karte, die es ihnen ermöglichen würde von einem Geldautomaten auch an einem Sonntag Geld zu holen. Bliebe man nun bei den **Positionen** „Ich will den 20-Euro-Schein für mich haben", käme schlussendlich nur der Kompromiss in Betracht: jeder der Eheleute bekommt zehn Euro, also z.b. präzise und fair aufgeteilt je die Hälfte. Es stellt sich heraus, das die Ehefrau lediglich etwas Margarine und Wurst von der Tankstelle kaufen möchte, für nicht mehr als ca. fünf Euro und der Ehemann gerne mit einem Freund ins Kino gehen will, was rund fünfzehn Euro kostet. Die Frage nach den **Interessen** der Einzelnen hätte vermutlich dazu beigetragen einen Konflikt zu vermeiden, hätten doch die zwanzig Euro ausgereicht die benötigten Lebensmittel von der Tankstelle zu kaufen und den Kinobesuch mit dem Freund durchzuführen.

Sicher, das Beispiel erscheint marginal und konstruiert, verdeutlicht aber den Unterschied. Die Interessen „verstecken" sich hinter den Positionen! Es gilt also für den Mediator herauszufinden, was tatsächlich hinter dem Konflikt steckt, bzw., was die Parteien tatsächlich bewegt.

2. Positionen und Interesse der Kulturverantwortlichen der Stadt Gelsenkirchen und der Erben

Position / Interesse der Kulturverantwortlichen der Stadt Gelsenkirchen: Die Kulturverantwortlichen der Stadt Gelsenkirchen schließen grundsätzlich eine mögliche Rückgabe an die Erben nicht aus. Sie sehen sich jedoch als Eigentümer des Kunstwerkes, da das Gemälde 1957 zum Preis von 14.500 DM in einer Kölner Galerie gekauft wurde und seitdem im Kunstmuseum Gelsenkirchen ausgestellt wurde (Position). Ihnen ist daran gelegen, dass das Bild auch zukünftig wenigstens ab und zu der Öffentlichkeit zugänglich gemacht wird und bitten daher die Erben um Mitteilung, was mit dem Bild geplant sei (Interesse).

Position / Interesse der Erben: Die Hinterbliebenen sehen sich als Eigentümer des Gemäldes da es sich um Raubkunst handelt und erheben Anspruch darauf (Position). Sie bestehen auf Herausgabe des Bildes. Da die Erben finanziell klamm zu sein scheinen, gibt die Verwaltung die Auskunft, dass eine faire und gerechte Lösung nicht möglich sei, da es sowohl Erben als auch ihrem Anwalt um größtmögliche Realisierung wirtschaftlichen Vorteils gehe (Interesse).

3. Ablauf eines Mediationsverfahrens

Die Mediation ist ein strukturierter Kommunikationsprozess, der sich in die folgenden aufeinander aufbauenden Phasen untergliedern lässt:

Die Phasen I bis III dienen dabei hauptsächlich der Klärung von Informationen und der Schaffung einer Basis für ein tieferes gegenseitiges Verständnis.

Eine Gestaltung von gemeinsamen Lösungen findet in den Phasen IV bis VI statt. Die Abschnitte I und VI stellen als Vereinbarungsphasen einen „rechtlichen Rahmen" für den Prozess dar. Die Abschnitte im Detail[1]:

Phase I - Vorbereitung, Einführung, Erklärung, Vereinbarung
Zunächst stellt der Mediator den Konfliktparteien das Verfahren sowie dessen Vorteile vor und erläutert seine eigene Rolle. Er schafft eine vertrauensvolle Gesprächsatmosphäre, die es den Beteiligten ermöglicht, sich auf den weiteren Prozess einzulassen. Die Parteien treffen in diesem Abschnitt eine Entscheidung über das Verfahren und schließen einen Mediationsvertrag mit Honorarvereinbarung ab, in dem auch das Einverständnis zu den für die Mediation verbindlichen Umgangsformen erfolgt.

---

[1] Vgl. Studienskript „Mediation und Litigation", R. Ponschab, 2014, S. 52-60

Phase II - Informations- und Themensammlung

In dieser Phase befragt der Mediator die Parteien nach ihren Anliegen. Alle Konfliktparteien erhalten gleichermaßen Gelegenheit, ihre jeweilige Sichtweise des Konfliktes zu schildern. Dabei werden alle diejenigen Themen zusammengetragen, welche die Medianten in diesem jeweiligen Fall bearbeiten wollen. Der Mediator stellt dabei sicher, dass das Gesagte vollständig und richtig verstanden werden kann und fasst die Punkte gemeinsam mit den Beteiligten zusammen.

Phase III - Bedürfnis- und Interessenklärung

Diese Phase dient der Findung der hinter dem Konflikt liegenden Interessen, Anliegen, Bedürfnisse, Wünsche und Ziele der Beteiligten.

Der Mediator unterstützt die Medianten durch gezielte Fragen, die Hintergründe ihres Konfliktes verstehen zu lernen. Dabei erfolgt hinsichtlich der zuvor identifizierten Themen eine Zuordnung der ursprünglichen Standpunkte und Meinungen zu den eigentlichen Bedürfnissen.

Phase IV - Kreative Ideensuche, Bildung von Lösungsoptionen

In einem Brainstorming werden in dieser Phase Lösungsmöglichkeiten für die zuvor gefundenen Themen und kollidierenden Bedürfnisse zusammengetragen. Die Aufgabe des Mediators ist es dabei, die Medianten in der Lösungsfindung zu unterstützen, ihren Blick zu weiten und die Kreativität anzuregen. Der Mediator macht dabei keine eigenen Lösungsvorschläge und auch ein Konsens der Parteien hinsichtlich der einzelnen Ideen ist an dieser Stelle nicht erforderlich.

Phase V - Bewertung und Auswahl der Lösungsoptionen

Es folgt unter Anleitung des Mediators eine Auswahl und Bewertung der grundsätzlich denkbaren Lösungen durch die Medianten auf Basis der bisherigen Arbeit. Dann werden realistische Handlungsalternativen gebildet, welche geeignet sind, den ermittelten Bedürfnissen gerecht zu werden. Das Ziel der Auswahl ist eine möglichst konkrete und nachhaltige Win-Win-Lösung für alle Medianten.

Phase VI - Mediationsvereinbarung, Machbarkeitsprüfung, Umsetzung

Am Ende des Verfahrens entwickeln die Medianten gemeinsam mit dem Mediator einen einvernehmlichen Maßnahmenkatalog, den alle Parteien als akzeptabel und erfolgversprechend ansehen und halten diesen in einer schriftlichen Lösungsvereinbarung fest.

Jeder Mediant ist gleichermaßen mitverantwortlich für diese Lösung. Der Mediator ist kein Entscheider oder (Schieds-)Richter, vielmehr entscheiden die Parteien für sich selbst, ob die ermittelten Lösungsmöglichkeiten für sie akzeptabel sind und vereinbaren diese wechselseitig.

Phase VII – Nachsorge
Wenn die Medianten nach der einvernehmlichen Konfliktregelung weiterhin in Kontakt stehen, ist es möglich, dass alte oder neue Konflikte aufbrechen. Daher kann es unter Umständen im Einzelfall sinnvoll sein, einen Folgetermin nach beispielsweise drei bis sechs Monaten zu vereinbaren, um mit den Parteien zu erörtern, wie sich das Verhältnis entwickelt hat. Eine Abschlussklausel in die Abschlussvereinbarung einzufügen, dass bei Konflikten, die sich während der Abwicklung/Erfüllung der Abschlussvereinbarung ergeben, die Mediation erneut aufgenommen werden kann, wäre daher sinnvoll.

4. Unterschiede zwischen einem Mediationsverfahren und einem Verfahren vor der Limbach-Kommission im Hinblick auf die Phasen der Mediation

Im Vergleich zu den sieben Phasen einer Mediation erkenne ich bei einem Verfahren vor der Limbach-Kommission drei Phasen, welche ich nachfolgend darzustellen versuche:

a. **Vorbereitung**: Der von der Kommission bestellte „Berichterstatter" arbeitet sich anhand der schriftlichen Darstellungen in den Fall ein, seine Rolle ist dabei klar definiert. Anders beim Mediationsverfahren in der ersten Phase, wo der Mediator seine Rolle an die zu entwerfende Strategie anpassen muss. Der Mediator sammelt Informationen über die Parteien und den Konflikt, schafft Vertrauen, erläutert den Ablauf, schließt eine Mediationsvereinbarung ab. Der Ablauf einer Mediation ist somit weitaus komplexer und weniger in starre Muster gepresst.

b. **Durchführung / Verhandeln**: Die Kommission verhandelt in einer gemeinsamen Sitzung zusammen mit den Parteien. Diese können noch einmal ihre Positionen darstellen und auf die Fragen der Kommission antworten. In einem Mediationsverfahren entspräche das den Phasen zwei und drei, wo die Parteien Gelegenheit haben ihre eigenen Sichtweisen zu schildern und zu bearbeitende Schwerpunkte zu setzen (Phase zwei). Interessen, Anliegen, Bedürfnisse, Wünsche und Ziele der Beteiligten werden anschließend erörtert (Phase drei). Die Stufe zwei in einem Verfahren vor der Limbach Kommission unterscheidet sich also nur unwesentlich von den Phasen zwei und drei in einem Mediationsverfahren, jedoch ist der Konflikt im Detail unklarer als bei einem Verfahren vor der Limbach-Kommission, wo er bereits im Vorfeld feststeht.

c. **Empfehlung:** Abschließend formuliert die Kommission ihre Empfehlungen und übermittelt sie den Parteien. Die Empfehlungen sind dabei nicht bindend. Dieser Teil ist vergleichbar mit den Phasen vier bis sechs in einem Mediationsverfahren, unterscheidet sich jedoch in folgenden Punkten: Die Lösungsmöglichkeiten in einem Mediationsverfahren werden durch die Parteien gefunden, ein Konsens ist nicht erforderlich (Phase vier). Der Mediator fungiert in der Rolle des Moderators. Die Limbach-Kommission legt die Empfehlungen fest, die Parteien haben keine Möglichkeit sich an der Lösungsfindung zu beteiligen, jedoch ist ein Konsens erforderlich. In einem Mediationsverfahren erfolgen Auswahl und Bewertungen der möglichen Lösungen unter Anleitung des Mediators durch die Parteien (Phase fünf). Ziel der Auswahl wäre eine Win-Win-Lösung für die Parteien. Die Limbach-Kommission empfiehlt lediglich, ohne dabei eine mögliche Win-Win-Situation für beide herbeiführen zu wollen. Jedoch ist diese auch hier durchaus denkbar, aber nicht grundsätzliches Primärziel. In der sechsten Phase einer Mediation entwickeln die Parteien gemeinsam einen Maßnahmenkatalog und halten diesen schriftlich in einer Lösungsvereinbarung fest, während die Limbach-Kommission ohne Beteiligung der Parteien zu ihren Empfehlungen kommt. Diese Empfehlungen müssen jedoch ebenfalls von beiden Parteien akzeptiert werden, sind jedoch nicht bindend. Ein Mediationsverfahren hingegen ist bindend, da eine Mediationsvereinbarung geschlossen wurde. Sie hat somit Rechtscharakter.

Phase sieben einer Mediation ist mit einem Verfahren vor der Limbach-Kommission nicht vergleichbar, da die Parteien, vorausgesetzt die Empfehlungen wurden akzeptiert, nach Abschluss des Verfahrens nicht weiter in Kontakt stehen und somit ein Aufflammen des Konfliktes ausgeschlossen ist. Der Fall wäre abgeschlossen.

5. Qualitäten und Kompetenzen eines Mediators

Neben einer Vielzahl persönlicher Qualitäten, welche ein Mediator mitbringen muss, ist eine Fülle an fachlichen Kompetenzen unabdingbar. Um die Akzeptanz der Limbach-Kommission vor den Parteien zu erhöhen, muss der Mediator in der Lage sein, sich in verschiedenen Rollen zurecht zu finden. Ponschab[2] beschreibt sieben Rollen eines Mediators, welche alle dazu dienen, dem Verfahren Impulse zu geben, ohne jedoch das Prinzip der Neutralität zu verletzen.

1. Analytiker (Agent of Reality)

Der Analytiker fragt die Parteien, für wie angemessen sie ihre Forderungen halten, wie hoch die Einschätzung der Erfolgsaussichten ihrer Meinung nach ist. Hierzu werden in der Regel offene Fragen und Äußerungen verwendet, welche unterschiedliche Perspektiven erlauben. Unrealistischen Zielen und Erwartungen der Parteien tritt der Mediator entgegen.

2. Erfinder (Creator of options)

Experten des Konfliktes sind die Medianden, weshalb der Mediator sie nach Klärung der tatsächlichen Interessen dazu anleiten sollte, eigene Lösungsoptionen zu entwickeln. Diverse Methoden stehen zur Verfügung und sollten beherrscht werden: Brainstorming, Rollenspiele, Mind-Mapping, etc.

3. Hofnarr (Entertainer)

Humor trägt dazu bei Blockaden zu lösen und in angespannten Situationen zur Verbesserung der Gesprächsatmosphäre beizutragen. Er fördert Zusammenhalt, gemeinsames Lachen schafft Vertrauen und verbindet, eröffnet neue Perspektiven. Mit Humor ist es leichter Kritik zu äußern und den Parteien ggf. den Spiegel vorzuhalten. Meiner persönlichen Auffassung nach vielleicht die wichtigste Eigenschaft eines Mediators.

---

[2] Vgl. Studienskript „Mediation und Litigation", R. Ponschab, 2014, S. 82-85

4. Kaufmann (Salesman)

Grundkenntnisse des betreffenden Faches sind teilweise nicht nur förderlich sondern unter Umständen auch zwingend notwendig. Am Beispiel der Limbach-Kommission wird deutlich, dass zur Beurteilung des Sachverhaltes Expertenwissen von Nöten (Historiker, Kunsthistoriker, etc.) ist. Der Eindruck von fachlicher Kompetenz erhöht die Akzeptanz der Parteien, die Experten als Vermittler anzuerkennen.

5. Seelenarzt (Family doctor)

Aktives Zuhören und Empathie sind wie sehr wichtige Aufgaben des Mediators. Emotionale Anspannungen werden gelöst, die Parteien fühlen sich angenommen und verstanden, eine konstruktive Atmosphäre wird hergestellt.

6. Übersetzer (Translator)

Um Missverständnisse in der Kommunikation zu vermeiden, sollte der Mediator dazu in der Lage sein, Sach- und Beziehungsebene voneinander zu trennen, um zwischen den Parteien Ansichten und Gefühle zu übersetzen und den Konflikt mit den Augen der anderen Seite zu sehen. Hierzu bietet sich das „Vier-Seiten-Modell" von Schulz von Thun an. Der Sender gibt seiner Nachricht vier individuelle Botschaften mit, die der Empfänger wiederrum mit seinen vier Ohren entschlüsseln muss. Wenn nun der Adressat die Nachricht auf einer anderen Ebene aufnimmt als sie der Sender mitteilen wollte, entstehen Missverständnisse in der Kommunikation. Feedback, wie das Gesagte verstanden wurde, Wiederholungen mit eigenen Worten und gezieltes Nachfragen sind nötig, damit die Parteien effektiv miteinander kommunizieren können.

7. Bote (Messenger)

Unter bestimmten Voraussetzungen ist es notwendig, dass der Mediator, z.B. bei eskalierten oder verhärteten Konflikten, die Funktion eines Boten übernimmt und beispielsweise im Rahmen von Einzelgesprächen des jeweiligen Parteien Nachrichten und Angebote überbringt.

Um aber nun in den Rollen überhaupt bestehen zu können, ist Fachlichkeit gefragt. Was zeichnet also einen Mediator überhaupt aus? Welche Fähigkeiten sollte er mitbringen? Natürlich sind neben individuellen charakterlichen Eigenschaften, wie etwa **Geduld, Humor, Empathie, Authentizität und Kreativität** auch Fach- und Methodenkompetenzen gefordert. Diese sind, je nach Ursprung und Prägung des Mediators (beruflicher Background) unterschiedlich.

Ein Mediator benötigt eine hohe **Kommunikationskompetenz**. Es geht darum, weniger als die Medianden zu sprechen, aktiv zuzuhören und zu prüfen, ob das Gehörte dem Gesagten entspricht. Er muss die **eigene Wirklichkeit einordnen können** und sollte sich als Katalysator verstehen, welcher die Parteien auf dem Weg der Konfliktlösung unterstützt. Weiterhin sollte er dazu in der Lage sein, die **Subjektivität aller Wahrnehmung erkennen zu können**. Das bedeutet, dass weder das, was von einer Partei gesagt wird objektiv korrekt ist, noch das, was der Mediator sagt. Es handelt sich lediglich um Abbilder der eigenen Realität. **Vertrauen** aufbauen erhöht die Wahrscheinlichkeit, das die Mediation von Erfolg gekrönt wird. Um dieses Ziel zu erreichen, muss der Mediator den Parteien mit **Empathie** zuhören können und die Grundsätze der Verschwiegenheit, Neutralität und Unparteilichkeit wahren. Er muss mit **widerstandsfreier Sprache**[3] führen können, durch professionelle Fragetechnik Interessen, Optionen und Lösungen herausarbeiten lassen. **Geduld und Humor** sind große Förderer des Mediationsprozesses, gelegentliches Lachen hebt die Stimmung. Die **Konfliktverantwortung muss stets bei den Parteien belassen werden**, sie ist nicht Aufgabe des Mediators. Die Medianden neigen häufig dazu diese abgeben zu wollen und auf den Mediator zu übertragen.

6. Gewahrte und nicht gewahrte Prinzipien der Mediation vor der Limbach-Kommission

Prinzipien der Mediation[4]

Das Prinzip der Freiwilligkeit: Die Parteien entschließen sich freiwillig dazu eine Mediation durchzuführen. Hierunter fällt auch, dass jede Partei die Mediation zu je-

---

[3] Näher dazu Schweizer, Techniken der Mediation, S. 321, 354 ff.
[4] http://www.streit-konstruktiv.de/fileadmin/user_upload/Prinzipien_und_Phasen_der_Mediation.PDF

dem Zeitpunkt ohne Angabe von Gründen beenden kann. Es wird eine offene Atmosphäre geschaffen, in der die Parteien frei und unbeeinflusst den Konflikt diskutieren und lösen können.

Das Prinzip der Freiwilligkeit ist auch vor der Limbach-Kommission als **gewahrt** anzusehen, da sich beide Parteien dazu einverstanden erklären müssen.

Das Prinzip der Selbstverantwortlichkeit: Im Gegensatz zum regulären Gerichtsverfahren ist die Mediation dadurch gekennzeichnet, dass die Entscheidung des Streits zwischen den Parteien nicht an eine dritte (staatliche) Stelle übertragen wird, sondern die Parteien selbst dafür verantwortlich sind, die Klärung herbeizuführen. Der Mediator ist weder Richter noch Schlichter! Allerdings moderiert er das Verfahren und schafft den Rahmen, um den Konflikt zu bearbeiten.

Das Prinzip der Selbstverantwortlichkeit ist vor der Limbach-Kommission als **nicht gewahrt** anzusehen, da die Entscheidung in die Hände Dritter, der Kommission, gelegt wird. Bei einem Mediationsverfahren wären die Parteien selbst für die Lösungsfindung verantwortlich.

Das Prinzip der Informiertheit: Die beteiligten Parteien haben jeweils den identischen Kenntnisstand bezüglich aller für den Fall relevanten Inhalte, Tatsachen und Rechtsgrundlagen. Der Mediator stellt die Weitergabe sicher.

Dieses Prinzip ist ebenfalls als **nicht gewahrt** einzustufen. Die Limbach-Kommission hört sich zwar beide Parteien an, verfügt jedoch über Inhalt und Weitergabe der erhaltenen Informationen und bildet auf deren Grundlage die Empfehlung.

Das Prinzip der Vertraulichkeit: Alle Informationen, die im Verlauf des Mediationsverfahrens in Erfahrung gebracht werden, dürfen weder von den Parteien noch von dem Mediator weitergegeben oder in anderen Verfahren – etwa in einem sich an die Mediation anschließenden Gerichtsverfahren – verwertet werden. Der Mediator hat die Vertraulichkeit sicher zu stellen.

Auch das Prinzip der Vertraulichkeit ist als **nicht gewahrt** einzustufen. Die nach Abschluss des Verfahrens ausgesprochene Empfehlung der Kommission kann bei nachfolgenden Streitigkeiten durchaus vor Gericht weiter verwendet werden. Anders bei einem Mediationsverfahren, wo in der Mediationsvereinbarung schriftlich vereinbart wird, dass die gewonnen Informationen nicht gerichtlich verwendet werden dürfen.

Das Prinzip der Neutralität oder Allparteilichkeit: Der Mediator hat in gleicher Weise beide Parteien im Blick. Es ist ihm verwehrt, lediglich eindimensional für eine beteiligte Seite Partei zu ergreifen, was ihn konkret von einem Rechtsanwalt unterscheidet der genau dieses macht.

Das Prinzip der Neutralität oder Allparteilichkeit ist als gewahrt einzustufen, da die die Limbach-Kommission eine vermittelnde Rolle zwischen den Trägern der Sammlungen und den ehemaligen Eigentümern der Kulturgüter bzw. deren Erben übernimmt und eine „faire und gerechte Lösung"[5] angestrebt wird.

7. Vorteile für die Erben bei der Durchführung eines Verfahren vor der Limbach-Kommission in Abgrenzung zu einem alternativen Gerichtsverfahren

Ein signifikanter Vorteil wäre, dass selbst bei einer für die Erben negativen Empfehlung bezüglich der Rückgabe der Bilder keine rechtlich verbindliche Entscheidung zugrunde liegt. Die Erben hätten nachfolgend die Möglichkeit, ein Gerichtsverfahren anzustreben.

Insgesamt können die Entscheidungen der Limbach-Kommission kritisch und kontrovers diskutiert werden. Einerseits beruht die Kommission auf der Washingtoner Erklärung von 1998, spricht juristisch unverbindliche Empfehlungen aus, fühlt sich aber moralisch verpflichtet durch ihre Grundsätze. Andererseits sind beispielsweise private Sammler wegen der im BGB[6] beschriebenen Verjährung[7] rechtlich nicht ver-

---

[5] https://de.wikipedia.org/wiki/Limbach-Kommission
[6] Bürgerliches Gesetzbuch
[7] §199, Abs. 1, BGB

pflichtet ein dem Eigentümer entzogenes Kunstwerk zurückzugeben, aber das nur am Rande.

Grundsätzlich ist es Aufgabe der Limbach-Kommission, enteignetes Kulturgut seinen rechtmäßigen Eigentümern zurückzuführen. Sie soll bei ihren Empfehlungen zu „fairen und gerechten Lösungen" kommen. Wir haben also einerseits die Unverbindlichkeit der Empfehlung und andererseits die der Limbach-Kommission zugrunde liegenden Grundsätze, welche die Erben aus meiner Sicht bevorteilt. Zudem die bereits weiter oben erwähnte Möglichkeit ein gerichtliches Verfahren anzustreben.

Literaturverzeichnis

Studienskript „Mediation und Litigation", R. Ponschab, 2014

Techniken der Mediation, A. Schweizer, Verlag: Schmidt, Otto; Auflage: 1., Aufl. (22. April 2008) S. 321, 354 ff.

http://www.streit-konstruktiv.de/fileadmin/user_upload/Prinzipien_und_Phasen_der_Mediation.PDF vom 04.11.15

https://de.wikipedia.org/wiki/Limbach-Kommission vom 05.11.15

http://www.gesetze-im-internet.de/bgb/ vom 07.11.15 BGB, Bürgerliches Gesetzbuch, §199, Abs. 1

BEI GRIN MACHT SICH IHR WISSEN BEZAHLT

- Wir veröffentlichen Ihre Hausarbeit, Bachelor- und Masterarbeit

- Ihr eigenes eBook und Buch - weltweit in allen wichtigen Shops

- Verdienen Sie an jedem Verkauf

Jetzt bei www.GRIN.com hochladen und kostenlos publizieren